4

U0874640

供电企业生产技能人员标准化作业培训教材

LTB245E1型断路器检修

福建省电力有限公司　组编

输变电

中国电力出版社
CHINA ELECTRIC POWER PRESS

内容提要

本册书是按照《供电企业生产技能人员标准化作业培训教材》体系的要求，结合生产实际编写而成。本册书共分为两大部分，主要从 LTB245E1 型断路器检修的作业描述、工作流程、工作质量标准、危险点分析等方面予以详细阐述，结合实际作业案例进行分析，并附实际作业案例相关的标准化文本及相关说明。

本册书作者都是长期从事电力生产一线的员工，有较为丰富的现场实际经验，所列举的案例也是实际生产过程中所发生的，具有较强的生产现场指导意义。本册书可作为供电企业变电检修工作人员的培训教学用书，也可作为电力职业院校教学参考用书。

图书在版编目（CIP）数据

供电企业生产技能人员标准化作业培训教材. 输变电/福建省电力有限公司组编. —北京：中国电力出版社，2012.12

ISBN 978-7-5123-3810-4

Ⅰ. ①供… Ⅱ. ①福… Ⅲ. ①供电－工业企业管理－标准化管理－中国－技术培训－教材 ②输电－电力系统－技术培训－教材 ③变电所－电力系统－技术培训－教材 Ⅳ. ①F426.61

中国版本图书馆 CIP 数据核字（2012）第 287838 号

中国电力出版社出版、发行

（北京市东城区北京站西街 19 号 100005 http://www.cepp.sgcc.com.cn）

北京九天众诚印刷有限公司印刷

各地新华书店经售

*

2013 年 1 月第一版 2013 年 1 月北京第一次印刷

787 毫米×1092 毫米 16 开本 84 印张 1766 千字

全册定价 **232.00** 元

陈艺鑫　陈日坤　陈祥舒　陈朝晖　陈德兴

林　衡　林一泓　林志敏　林志强　林轶群

林海渊　欧世尧　欧永连　罗　松　罗　毅

金建宁　郑哲人　郑雄俊　郑黎斐　赵道阳

施　纬　施广宇　洪西卿　钱志立　翁晓锋

涂恩来　黄　亮　黄国敏　董　磊　傅智为

潘晨曦

前言

preface

为了更好地服务“五大”体系建设，提升生产技能人员良好的“职业化”行为习惯，建立与现场标准化作业生产环境一致的培训课程体系，福建省电力有限公司以现场标准化作业指导书为蓝本，组织开展生产技能标准化作业培训教材的编写工作。为确保教材的编写质量和进度，由总工程师李功新主抓此项工作，多次召集工作协调会，定期听取编写进度汇报；人力资源部负责教材编写的组织工作，运维检修部、科技信通部和调度控制中心负责教材编写的具体工作，福建省电力有限公司和基层单位技术专家组成教材编写与审定小组，公司培训中心负责教材编写框架和编写规范的制订、编写进度跟踪及其他协调工作。

本套教材集中了福建省电力有限公司众多专家学者的智慧，采用了全新的组织架构，突出了基于现场标准化作业的培训特色。本套教材分为配电专业、输变电专业和二次专业三本书，包括 91 项现场标准化作业项目（子分册），具有很强的针对性和实用性。各项目（子分册）分为两部分：第一部分介绍了各项目的工作流程、工作质量标准与控制、危险点分析与预控、管理与记录要求、作业案例等；第二部分罗列了标准化作业指导书等标准化作业文本，并结合第一部分的作业案例说明了标准化文本的填写规范。部分项目（子分册）还在附录部分对设备等内容进行了说明。

其中，配电专业分为架空线路、配电设备、计量装置及其他设备，由福建省电力有限公司运维检修部高级工程师姚亮担任编写组长，福州电业局、厦门电业局、莆田电业局、泉州电业局、漳州电业局、龙岩电业局、三明电业局、南平电业局、宁德电业局、福清电力公司、石狮电力公司、晋江电力公司、南安电力公司、长乐电力公司等单位的专家参与编写工作。输变电专业分为开关类、线圈类和架空线路及电缆，由福建省电力有限公司运维检修部高级工程师林平担任编写组长，福建省电力科学研究院、检修分公司、福州电业局、厦门电业局、莆田电业局、泉州电业局、漳州电业局、龙岩电业局、三明电业局等单位的专家参与编写工作。二次专业分为继电保护、综合自动化、直流系统和电力通信，由福建省电力有限公司调度控制中心高级工程师宋福海、科技信通部高级工程师连纪文担任编写组长，福建省电力科学研究院、检修分公司、信息通信分公司、福州电业局、厦门电业局、莆田电业局、泉州电业局、龙岩电业局、三明电业局、南平电业局等单位的专家参与编写工作。

本册由福建省电力科学研究院林一泓担任编写组长，福州电业局李积捷、翁晓锋、欧世尧、李超、林衡等编写；福建省电力有限公司运维检修部林平主审，福建省电力科学研究院傅智为、福建省电力检修公司赵道阳、厦门电业局黄亮、泉州电业局庄严、莆田电业局张绍明、龙岩电业局邱振敏、施纬、三明电业局郑黎斐、吴辉煌、李勇明等参审。

本教材在编写、审定过程中得到了福建省电力有限公司有关单位领导和专家的大力支持和帮助，在此一并感谢。同时，也感谢中国电力出版社的大力支持。

由于编者能力所限及编写时间仓促，难免存在疏漏之处，恳请各位专家和读者提出宝贵意见。

contents 目录

前言

第一部分　标准化作业培训 ······ 1

1　作业描述 ······ 1

2　工作流程 ······ 1

3　工作质量标准与控制 ······ 1

4　安全风险分析与预控 ······ 1

5　管理与记录要求 ······ 3

6　作业案例 ······ 4

思考与练习 ······ 5

第二部分　标准化作业文本 ······ 6

1　标准化作业指导书 ······ 6

2　安全质量控制卡 ······ 20

3　现场勘察单 ······ 26

4　变电站电气第一种工作票 ······ 27

附录 A　螺栓及螺母紧固力矩对照表 ······ 30

附录 B　机构箱内部分部件图示 ······ 30

附录 C　断路器二次回路图 ······ 32

附录 D　LTB245E1-BLK222 技术数据 ······ 32

附录 E　断路器修后试验项目及标准 ······ 35

思考与练习答案 ······ 38

第一部分

标准化作业培训

1 作业描述

根据 ABB LTB245E1 型断路器检修的标准化作业指导书，介绍停电检修 ABB LTB245E1 型断路器的工作流程和质量标准要求。通过流程介绍和列表说明，掌握停电检修 ABB LTB245E1 型断路器所需工器具、材料、工作流程、质量标准、作业中的危险点预控、操作步骤、管理要求等内容。

2 工作流程

检修 ABB LTB245E1 型断路器的工作流程如图 1-1 所示。

3 工作质量标准与控制

3.1 引用标准

GB 1984－2003　《交流高压断路器》

GB/T 11023—1989　《高压开关设备 SF_6 气体密封试验导则（仅 SF_6 断路器）》

GBJ 147—1990　《电气装置安装工程：高压电器施工及验收规范》

DL/T 593—2006　《高压开关设备和控制设备标准的共用技术要求》

Q/GDW 168—2008　《输变电设备状态检修试验规程》

3.2 质量控制

（1）各部分零件完整。

（2）各传动转轴光滑灵活，铸件不应有裂纹、砂眼、锈蚀。

（3）断路器绝缘子表面无脱釉、无裂纹，釉面清洁、光滑，两端法兰结合处良好、无脱胶。

（4）SF_6 密度继电器报警、闭锁压力应正确。

（5）计数器动作应正常。

（6）分闸缓冲器不应有漏油的迹象。

（7）分、合闸线圈动作应可靠，分、合闸铁芯动作应灵活。

（8）辅助开关接点动作灵活、可靠、正确。

4 安全风险分析与预控

危险点：触电

事故案例

1 月 11 日，××供电公司进行 35kV××变电站的 35kV 石垢线 390 间隔和石洋 I 线 394 间隔的断路器小修、线路避雷器、线路 TV 试验、保护首检工作，以及 35kV 1 号站变小修预试工作。工作票签发人陈××开具了 201001005 号工作票，将三项工作放在同一张工作票中。工作负责人吴××及 5 名工作班成员持该票进入该变电站进行工作。当班运行人员履行完停

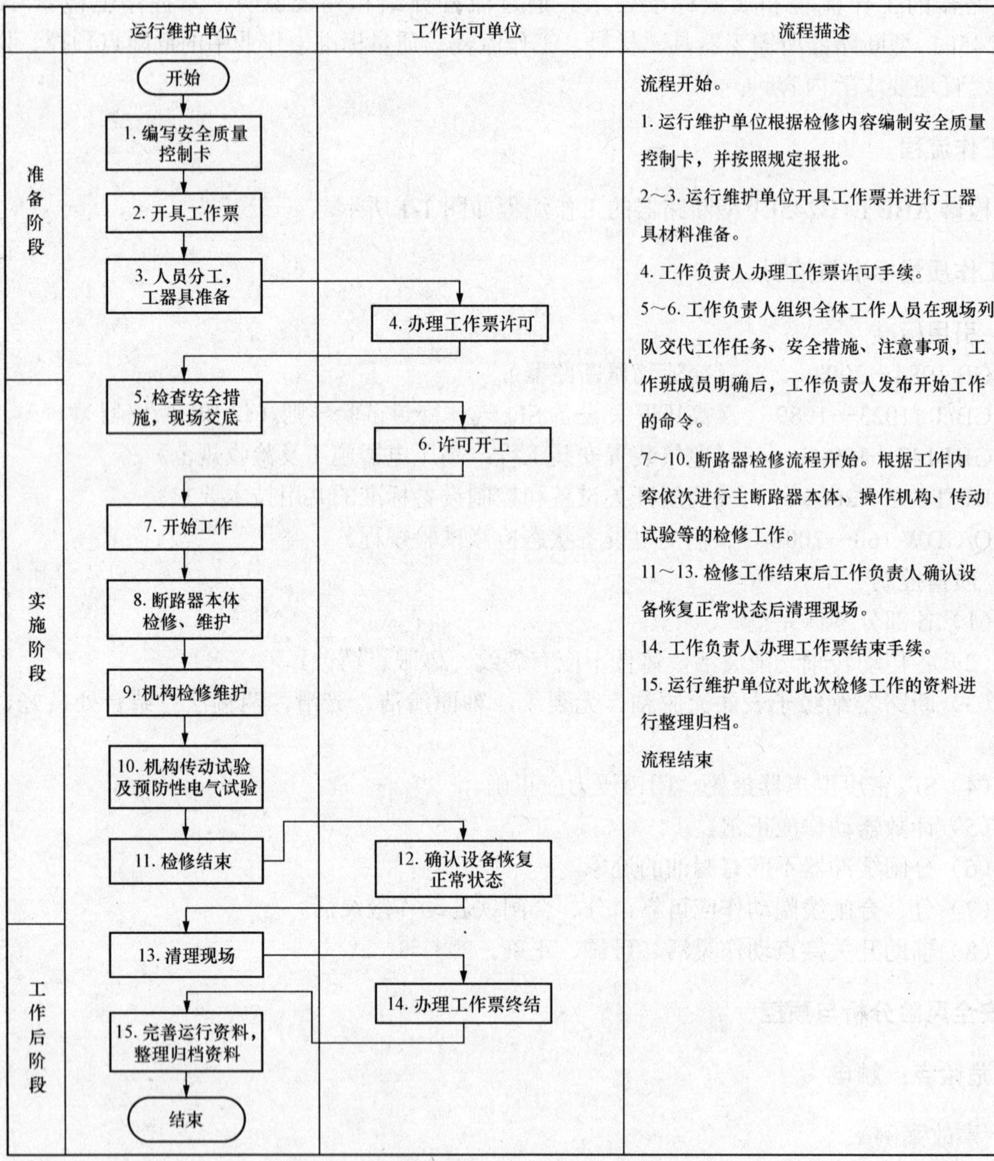

图 1-1　ABB LTB245E1 型断路器检修的工作流程图

电、验电、挂接线等措施后，布置现场围网，将390、394检修间隔安全围网的出入口分别设在与其相临带电的石洋Ⅱ线395断路器间隔区内。10:45，工作许可人翁××许可开工。10:55，工作负责人吴××（班长）未履行任何手续以及进行现场安全交底将另一个工作班组（持201001006号工作票工作）的人员陈××抽调到本班组工作，并离开作业现场和当班运行人员交涉工作票问题，失去对现场工作的安全监护。11:13，临时抽调的人员陈××见相邻的石洋Ⅱ线395断路器操作机构箱门上挂有“在此工作”标示牌，即错误地将绝缘梯搬到带电的395断路器间隔构架，攀爬擦拭绝缘子，陈××在攀爬过程中，两手对395断路器带电部位放电，人从1m左右（绝缘梯第三个阶梯）跌落。

防范措施

（1）严格执行国家电网公司电力安全工作规程和“两票”实施细则。工作票签发人、工作负责人、工作许可人要严格执行《电业安全工作规程》规定的各项安全责任，严格执行工作许可人会同工作负责人现场检查安全措施的规定，指明安全隔离措施，证明检修设备确无电压，全面加强“两票”的审核把关，确保现场安全措施符合现场实际，现场工作安全交底执行到位，不走样。

（2）严格执行公司领导干部生产现场到岗到位规定。针对每项作业，有关领导和管理人员要重点检查作业现场安全措施的设置是否正确、完善、规范，作业环境是否安全，人员精神状态是否良好，安全生产和劳动保护规章制度是否得到严格执行。不得以参加其他工作等为理由，而不履行现场到岗到位规定。

（3）严格执行作业方案和安全措施编制、审查、批准的要求。应根据各单位生产的实际情况，对大小不同的工作，制定不同级别的编制、审查、批准的流程，坚决防止因事前措施不到位，危险点分析不到位，措施不完善导致安全事故的发生。

（4）提高班组安全活动的质量。切实利用班组安全日活动的时间，开展事故案例学习，开展安全规程制度的学习，组织讨论等，有效提高班组安规执行力。

5 管理与记录要求

（1）在现场施工之前，必须在电力生产门户（GPMS）系统内开具变电站电气第一种工作票及安全质量控制卡，并在工作现场充分发挥工作票及安全质量控制卡的工作指导作用。

（2）在现场工作开始前，工作负责人及工作班成员应对即将进行的工作任务、停电范围及安全措施了解清楚，方可参与工作。

（3）工作人员到达工作现场后，在工作前工作负责人应根据工作票仔细核对现场安措布置情况，并对工作班成员进行安全交底。

（4）当工作结束后，工作班应清扫、整理现场。工作负责人应周密地检查，待全体人员撤离工作地点后，再向运行人员交待所修项目、发现的问题、试验结果和存在问题等，并与运行人员共同检查设备状况、状态，有无遗留物件，是否清洁等，然后办理工作终结手续。

（5）检修记录、缺陷流程运转、报表编写上传、完成时限录入到GPMS系统中，并完成设备作业后状态评价。

（6）工作票交底现场录音上传录音系统。

（7）工作票、安全质量控制卡、报表等资料归档。

（8）编制检修总结报告并归档。

6 作业案例

××变电站 220kV 母联 24M 断路器检修。现场接线如图 1-2 所示。

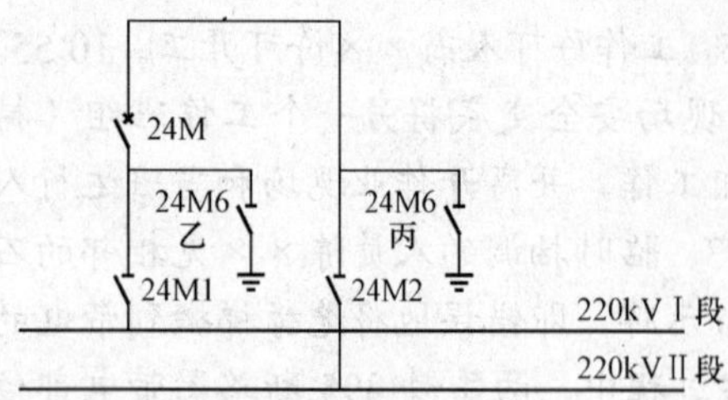

图 1-2 现场接线图

6.1 作业前准备

（1）现场勘察。

工作负责人接到任务后，应组织有关人员进行现场勘察，应查看接受的任务是否与现场相符，了解作业现场的条件、环境。

（2）技术准备工作。

1）熟悉 LTB245E1 型断路器技术资料，明确有关技术要求及质量标准。

2）准备好需检修断路器的资料：产品手册、电气原理图。

3）根据运行、检修和试验记录及现场观察的情况，收集缺陷资料。

4）核实断路器操作次数及开断短路电流值和次数，并根据设备状态评价结果，确定检修项目和方案。

（3）工器具、材料和备品备件准备工作。

1）按照检修项目要求，将检修中所需用到的工器具、材料和备品备件运至检修现场。

2）对绝缘零件应采用较好的防潮措施。

3）现场做好安全、防火措施。

（4）开具变电站第一种工作票。

（5）到达现场后，经工作许可后开始工作。

6.2 作业中控制

6.2.1 修前检查项目

（1）检查支持绝缘子和灭弧室绝缘子外表面无脱釉、无裂纹，釉面清洁、光滑，两端法兰结合良好、无脱胶。

（2）检查本体所有螺栓、螺母是否有松动和锈蚀。

（3）检查分、合闸指示是否到位并与开关位置相符，检查校正孔是否对正。

（4）检查 SF_6 密度继电器、气体压力、逆止阀。

（5）检查涡轮油位，检查缓冲器有无漏油痕迹。

（6）检查机构箱底部是否有碎片、异物，对机构内所有部件进行外观检查。

（7）检查机构箱内所有螺栓、螺钉和插头，检查所有电器元件和二次线。

（8）检查储能指针位置。

（9）检查加热器和门灯功能。

（10）检查机构箱密封情况，达到防尘、防水要求。

6.2.2 作业中检修项目

（1）绝缘瓷套检查。

（2）机构传动箱的检查。

（3）SF_6 密度继电器检查。

（4）支架检查。

（5）电气元件检查。

（6）储能限位开关检查。

（7）缓冲器检查。

（8）掣子装置检查。

（9）机构箱螺丝、轴销、卡圈检查。

（10）机构箱清洁、防锈、润滑检查。

（11）机构箱机械元件磨损检查。

（12）驱动机构检查。

（13）分、合闸弹簧的检查。

（14）SF_6 微水测量。

（15）主回路电阻检查。

（16）机械特性测量（分、合闸速度、行程曲线及行程测量、缓冲特性测量、开关辅助接点转换特性）。

（17）储能时间检查。

（18）防锈和润滑。

（19）气密性检查。

（20）验收。

（21）清理现场、办理工作票终结。

6.3 作业后小结

（1）召开班后会，总结工作情况。

（2）在 GPMS 系统中对作业文件进行归档、评估。

（3）编制、整理检修报告，并上传至 GPMS 系统。

（4）将安全交底和班后会录音上传至录音系统，并做好登记。

（5）将安全质量控制卡、工作票等文件归档。

（6）编制检修总结报告并归档。

思考与练习

1．为什么配置弹簧机构的 SF_6 断路器不会发生慢分、慢合？

2．断路器防误操作的要求有哪些？

3．ABB LTB245E1 型断路器分、合闸掣子应如何更换？

第二部分

标准化作业文本

1 标准化作业指导书

ABB LTB245E1 型断路器检修标准化

作业指导书

编写：______ ______ 年 ____ 月 ____ 日

审核：______ ______ 年 ____ 月 ____ 日

批准：______ ______ 年 ____ 月 ____ 日

工作负责人：

作业日期：　　年　月　日　时 至　　年　月　日　时

××××公司

1 范围

本指导书适用于北京ABB高压开关设备有限公司生产的LTB245E1型断路器检修。

2 引用文件

GB 1984—2003　《交流高压断路器》
GB/T 11023—1989　《高压开关设备 SF_6 气体密封试验导则（仅 SF_6 开关）》
GBJ 147—1990　《电气装置安装工程：高压电器施工及验收规范》
DL/T 593—2006　《高压开关设备和控制设备标准的共用技术要求》
Q/GDW 168—2008　《输变电设备状态检修试验规程》
Q/FJG 10093—2008　《福建省电力有限公司输变电设备状态检修试验规程实施细则》

3 修前准备

3.1 准备工作安排

√	序号	内　容	标　准	责任人	备　注
	1	开工前10天，向有关部门上报本次工作的材料计划	根据摸底时设备状况及需执行的反措计划		
	2	在工作前7天提交相关停役申请			
	3	开工前3天，准备好施工所需仪器仪表、工器具、相关材料、相关图纸及相关技术资料	仪器仪表、工器具应试验合格，满足本次施工的要求，材料应齐全，图纸及资料应符合现场实际情况		
	4	开工前确定现场工器具摆放位置	现场工器具应定置摆放，确保现场施工安全、可靠		
	5	根据本次作业内容和性质确定好检修人员，并组织学习本指导书	要求所有工作人员都明确本次工作的作业内容、进度要求、作业标准及安全注意事项		
	6	填写第一种工作票，在开工前一天交值班员	工作票应填写正确，并按《电业安全工作规程》执行		

3.2 人员要求

√	序号	内　　容	责任人	备　注
	1	现场工作人员的身体状况、精神状态良好		
	2	作业辅助人员（外来）必须经负责施教的人员对其进行安全措施、作业范围、安全注意事项等方面施教后方可参加工作		
	3	特殊工种（吊车司机、电焊工、架子工）必须持有效证件上岗		
	4	所有作业人员必须具备必要的电气知识，基本掌握本专业作业技能及《电业安全工作规程》的相关知识，并经《电业安全工作规程》考试合格		
	5	作业负责人必须是经局批准的		

3.3 备品备件

√	序号	名称（编号）	型号规格（物品描述）	单位	数量	备注
	1	电气元件				
	1.1	空气断路器及配件				
		5344 027-18	加热器空气断路器 F2 2-POLE 10A S262 C10	个	1	BLK222 和 BLG1002A 通用
		5344 027-44	带辅助接点 1NO+1NCS2-H11	个	1	加热器空气断路器 F2、电动机空气断路器 F1 通用
	1.2	计数器				
		5692 965-1	220VDC 876B 型电磁计数器	个	1	BLK222 和 BLG1002A 通用
		5692 965-2	110VDC 876B 型电磁计数器	个	1	BLK222 和 BLG1002A 通用
	1.3	选择开关				
		LA400517-1	CLOSE/TRIP switch S1	个	1	BLK222 和 BLG1002A 通用
		LA400520-1	LOCAL/REMOTE switch S4	个	1	BLK222 和 BLG1002A 通用
		LA400524-23	LOCAL/REMOTE switch S4	个	1	中控箱
		LA400524-19	CLOSE/TRIP switch S1	个	1	中控箱
	1.4	电动机接触器				
		5351 749CN-A	220VDC Q1、Q7（中控箱/非全相 DILOOAM-G-10	个	1	BLK222 和 BLG1002A 通用
		5351 749CN-B	110VDC Q1、Q7（中控箱/非全相 DILOOAM-G-10	个	1	BLK222 和 BLG1002A 通用
		5351 749CN-C	220VAC Q1、Q7（中控箱/非全相）	个	1	BLK222 和 BLG1002A 通用
	1.5	继电器				
	1.5.1	DC220V 继电器				
		5619 758-1	继电器 C5-A30 DC220V K3、K9、K10、K8	个	1	BLG1002A、BLK222 机构通用 K3、K9、K10
						中控箱 K8
		5619 750-12	C5-A30 继电器底座	个	1	BLG1002A、BLK222 机构通用 K3、K9、K10
						中控箱 K8
		5619 750-10	继电器 C4-A40 DC220V	个	1	中控箱/非全相保护箱（非全相保护出口继电器）
		5619 750-11	C4-A40 继电器底座	个	1	
			DC110V 继电器			
		5619 758-2	继电器 C5-A30 DC110V K3、K9、K10、K8	个	1	BLG1002A、BLK222 机构通用 K3、K9、K10
						中控箱 K8

表（续）

√	序号	名称（编号）	型号规格（物品描述）	单位	数量	备　注
		5619 758-12	C5-A30 继电器底座	个	1	BLG1002A、BLK222 机构通用 K3、K9、K10 中控箱 K8
		5619 750-2	继电器 C4-A40x DC110V	个	1	中控箱/非全相保护箱（非全相保护出口继电器）
		5619 750-11	C4-A40 继电器底座	个	1	
	1.5.2	220V、110V 时间继电器				
		5619 785-7CN1	时间继电器 K6 110V DC	个	1	中控箱/非全相保护箱
		5619 750-12CN1		个	1	
		5619 785-7CN-P		个	1	
		5619 758-2CN1		个	1	
		5619 785-7CN2	时间继电器 K6 220V DC	个	1	中控箱/非全相保护箱
		5619 750-12CN1		个	1	
		5619 785-7CN-P		个	1	
		5619 758-1CN1		个	1	
	1.6	辅助接点				
		1HSB535218-1	BG1	个	1	BLK222 机构
		1HSB535218-2	BG2	个	1	BLK222 机构
	1.7	限位开关				
		1HSB535298-C	BW1	个	1	BLK222 机构
	1.8	电阻				
		5293 808-1	470Ω 110V DC R3	个	1	BLG1002A、BLK222 机构通用 R3
		5293 808-2	1K 220V DC R3	个	1	BLG1002A、BLK222 机构通用 R3
	1.9	灯				
		1050 3250-CNTHB	红指示灯 110V DC	个	1	BLG1002A、BLK222 机构通用
		1050 3248-CNTHB	红指示灯 220V DC	个	1	BLG1002A、BLK222 机构通用
		1050 3249-CNTHB	绿指示灯 220V DC	个	1	BLG1002A、BLK222 机构通用
		1050 3251-CNTHB	绿指示灯 110V DC	个	1	BLG1002A、BLK222 机构通用
		5690 815-S	照明灯座	个	1	BLG1002A、BLK222 机构通用
		5911 104-1	照明灯座	个	1	BLG1002A、BLK222 机构通用
	2	电动机及驱动单元				
		1HSB534460-1	电动机 110V DC/AC M1	个	1	BLK222 机构电动机

表（续）

√	序号	名称（编号）	型号规格（物品描述）	单位	数量	备　注
		1HSB534460-2	电动机 220V DC/AC　　M1	个	1	BLK222 机构电动机
		1HSB532361-A	驱动单元	个	1	BLK222 机构电动机驱动元件（不含电机）
	3	密度继电器				
		1HSB495663-1	0.5MPa 密度继电器	个	1	工作压力 0.5MPa 断路器
		1HSB495663-2	0.7MPa 密度继电器	个	1	工作压力 0.7MPa 断路器
	4	分、合闸线圈				
		1HSB592691-3	220V DC 1A 210±5%Ω（20°C）（配线鼻子）	个	1	合闸线圈 1 个，分闸线圈 2 个
		LA516771-BB	220V DC 2A 210±5%Ω（20°C）（配线鼻子）	个	1	合闸线圈 1 个，分闸线圈 2 个
		1HSB592691-1	110V DC 2A 53±5%Ω（20°C）（配线鼻子）	个	1	合闸线圈 1 个，分闸线圈 2 个
	5	掣子				
	5.1	1HSB535436-V 相应线圈	合闸掣子	个	1	BLK222（请写明所配线圈号）
	5.2	1HSB535436-W 相应线圈	分闸掣子	个	1	BLK222（请写明所配线圈号）
	6	充气接头				
		4061-003CNTHB	充气、微水测量接头与充气接头相连的软管	个	1	通用
	7	润滑油脂				
	7.1	Loctite-271	乐泰 271	个	1	通用
	7.2	Loctile-648	乐泰 648	个	1	通用
	7.3	5316 381-A	mobil grease 28（1171 4014-407）	个	1	通用
	8	其他				
		1HSB532196-1	机构门拉杆	个	1	通用
	9	仪器仪表				
		LS780B	SF_6 检漏仪	个	1	通用
	10	传感器				
	10.1	1333-3209CNTHB-1	传感器拨插	个	1	通用
	10.2	1333-3209CNTHB-2	传感器	个	1	通用
	10.3	1333-3209CNTHB-3	传感器托架（220kV）	个	1	通用
	10.4	1333-3209CNTHB-4	传感器电缆	个	1	通用
	11	工具				
		Ampro	1/2 寸力矩扳手 28～210N•m Ampro	个	1	通用

3.4 工器具

√	序号	名 称	规格型号（精度）	单位	数量	备注
	1	开口扳手	6″～24″	套	1	
	2	套筒扳手	10″～32″	套	1	
	3	梅花扳手	6″～24″	套	1	
	4	木榔头		只	1	
	5	一字螺丝刀	2、4、6、8″	套	1	
	6	十字螺丝刀	2、4、6、8″	套	1	
	7	力矩扳手	10～150N·m	套	1	
	8	力矩扳手	10～300N·m	套	1	
	9	游标卡尺	0～125mm	套	1	
	10	塞尺	0.02～1.0mm	套	1	
	11	回路电阻测试仪	100A	台	1	
	12	绝缘电阻表	1000V、2500V	只	各 1	
	13	移动线盘	220V、380	只	各 1	
	14	安全带		副	按需要配置	
	15	临时接地保安线	>$25mm^2$	副	按需要配置	
	16	人字绝缘梯	2.5m	张	1	
	17	绝缘梯	3m	张	2	
	18	登高机具	10m	台	1	
	19	SF_6检漏仪		套	1	
	20	机械特性仪	例 ABB SA10	套	1	
	21	SF_6充气装置		套	1	
	22	真空吸尘器		套	1	
	23	卷尺		把	1	
	24	水平尺		把	1	
	25	线锤		只	1	
	26	绝缘胶带	无弹性	卷	1	
	27	机油壶		只	1	
	28	绝缘子探伤试验仪		套	1	
	29	万用表	常规	只	1	

3.5 消耗性材料

序号	名 称	型号规格	单位	数量	备注
1	钢丝刷		把	1	
2	铜丝刷		把	1	
3	铁砂纸	0 号	张	3	

表（续）

序号	名　称	型号规格	单位	数量	备注
4	砂纸	－10 号	张	5	
5	无水乙醇	分析醇	kg	1	
6	钢锯条	300mm、细齿	根	5	
7	白布		m	2	
8	毛巾		块	3	
9	白纱带		卷	0.5	
10	机油		kg	1	
11	漆刷	1.5in	把	4	
12	漆刷	2in	把	4	
13	塑料薄膜		m	3	
14	记号笔		支	1	
15	清洗剂		瓶	2	
16	螺栓		套	若干	
17	防锈漆		kg	0.5	
18	油漆	醇酸漆	kg	0.5	黄、绿、红、黑各 1 罐
19	润滑脂	“G” “K” “N” “L” “P” “G”“S” “SV”	kg	1	ABB 公司专用
20	润滑油	“A” “D” “S”			ABB 公司专用
21	松动剂		听	1	
22	中性凡士林		kg	0.5	

3.6 危险点分析

√	序号	内　容
	1	误入带电间隔
	2	工作人员或工器具与带电部位安全距离不够，易引起放电
	3	感应电易引起人身伤害意外事故
	4	检修电源设备损坏或接线不规范，会引起低压触电
	5	高处作业不正确使用安全带，易发生高空坠落
	6	断路器传动时，如果设备上有人工作易引起伤害
	7	物品上下抛掷，易伤人或砸坏设备
	8	高空作业车作业时与相邻设备带电距离过近，或碰伤绝缘子，引起事故
	9	高空作业时，人员或工器具发生高空坠落
	10	检修收工，设备上有遗留物

3.7 安全措施

√	序号	内容
	1	确认现场安全措施与工作票上所列安全措施一致，且进入检修现场、攀登设备前，须核对设备的双重名称、编号
	2	工作人员或工器具随时与带电部位保持足够的安全距离：220kV≥3.0m。工作必须由二人以上进行，其中一人担任监护
	3	防止感应电，在设备导电部位的工作应使用临时个人保安线
	4	检修电源接线时，必须确认电源线的极性及所需使用的电压，使用的工具金属裸露部位应用绝缘材料包好，有人监护，同时必须使用带漏电保护的电源盘
	5	高处作业应正确使用安全带。安全带应高挂低用、禁止挂在移动或不牢固的物件上
	6	断路器传动前，断路器上所有工作人员应撤离
	7	物品应用绳子传递，禁止抛掷，工器具应系好保险绳或做好其他防坠落的可靠措施
	8	高空作业车操作前与驾驶员、操作人员交待临近带电部位，设立专职监护人员
	9	高空作业车车斗内人员正确使用安全带、安全绳，工具器应使用专用工具器袋
	10	工作结束前，应全面检查设备，确保无遗留物，并将设备恢复至工作许可时的状态

3.8 人员分工

√	序号	作业项目	负责人	作业人员
	1	断路器检修		
	2	安全监护		
	3	材料、资料及工器具管理		

4 作业程序及作业标准

4.1 开工

√	序号	内容	到位人员签字
	1	工作票负责人按局、工区有关规定办理好工作票许可手续，完成三级交底工作	
	2	本作业负责人对本班工作人员进行明确分工，并在开工前检查确认所有工作人员正确使用劳保用品	
	3	在本作业负责人带领下进入作业现场并在工作现场向所有工作人员详细交待作业任务、安全措施和安全注意事项，全体工作人员应明确作业范围、进度要求等内容，并在到位人员签字栏上分别签名	
	4	专责施教人对辅助人员（外来）按工区规定进行施教，施教内容包括：作业范围、安全措施、安全注意事项等	

4.2 检修电源的使用

√	序号	内容	标准	责任人签名
	1	检修电源接取位置	从_____检修电源箱接取，且在工作现场电源引入处配置有明显断开点的刀闸和漏电保护器	
	2	检修电源的配置	电源必须是三相四线并有漏电保护器	

表（续）

√	序号	内　　容	标　　　准	责任人签名
	3	接取电源时注意事项	必须由检修专业人员接取，接取时严禁单人操作；接取电源前应先验电，用万用表确认电源电压等级和电源类型无误后，从检修电源箱内出线闸刀下桩头引出	
	4	检修电源线要求	$2.5mm^2$ 及以上	

4.3　检修内容及工艺标准

√	序号	检修内容	工　艺　标　准	安全措施及注意事项	检修结果	责任人签名
	1	本体及支架外观检查				
	1.1	绝缘瓷套检查	1．绝缘瓷套外表应无污垢沉积，无破损伤痕，法兰处无裂纹，与绝缘子胶合良好，釉面无脱落。 2．擦拭、清洁瓷套表面。 3．用超声波试验设备检查瓷套有无裂纹	高处作业应正确使用安全带，防止高空坠落		
	1.2	支架的检查	支架应无松动、锈蚀，如锈蚀则应除锈、刷漆处理			
	1.3	断路器本体、支架螺栓检查	断路器本体及支架所有螺栓应无松动、锈蚀。如锈蚀则应更换处理。螺栓应按如下力矩要求紧固： 支架与撑铁连接：430N•m； 支架与地基连接：330～350N•m； 支架与操动机构箱连接：190N•m； 操动机构箱与本体连接：79N•m； 断路器柱与支架连接：300N•m； 机构拉杆与断路器连接：190N•m； 灭弧室瓷套上下法兰：60N•m； 开断装置上盖紧固：60N•m； 支持瓷套与操作轴箱连接：79N•m； 拉杆保护筒与本体连接：79N•m； 分、合标志牌：22.5N•m			
	2	机构、传动部位检查				
	2.1	检查分、合闸指示器	分、合闸指示应明显、正确、到位、色标清晰。若不满足要求，则应先打开断路器下部气室的盖板，更换分、合指示牌（M8 螺钉力矩 22.5N•m），然后再回装盖板			
	2.2	检查机构箱内所有轴孔、轴套、轴销、传动及螺栓接头部分	轴孔、轴套和轴销应无伤痕、裂纹、锈蚀；接头应无松动；传动灵活，无卡涩			
	2.3	操作机构和断路器极柱间拉杆检查	1．断路器在分闸位置，以直径 6mm 的杆检查拐臂的校正孔和机构箱的预留孔，两孔应对齐。 2．接拉杆应旋过耦合连接件和拉杆上的检查孔。 3．检查拉杆外观无变形、锈蚀。 若需调整拉杆，步骤如下：①转动拉杆以使它的长度减小或增加，使操作杆移向合闸或分闸位置；②当操作杆在分闸位置，且校正孔正好与机构箱上的预留孔对齐时，拉杆应达到合适位置，用直径 6mm 的杆检查孔是否对齐，检查拉杆是否能旋过检查孔			

表（续）

√	序号	检修内容	工 艺 标 准	安全措施及注意事项	检修结果	责任人签名
	3	密度继电器检查				
	3.1	SF_6 密度继电器外观检查	1．SF_6 密度继电器玻璃表面清洁，压力指示清晰可见，无损伤痕迹、无锈蚀。 2．SF_6 密度继电器与本体连接可靠，无松动，用 10N•m 的力矩进行复核。 3．SF_6 密度继电器接点应无受潮、锈蚀			
	3.2	SF_6 密度继电器的检测	取下密度继电器，用 N2 或 SF_6 气体给密度继电器加压，慢慢降低压力并读取压力读数。其中，20℃时校验仪器上压力表值最大偏差为−0.02～+0.05MPa，密度继电器压力值最大偏差为±0.015MPa；报警压力值和闭锁压力值之间的差应＞0.01MPa；检查期间接点测试电压≥30V；额定压力值为：0.7MPa，报警压力值为：0.62 MPa，闭锁压力值为：0.6MPa。 如需更换 SF_6 密度继电器，更换步骤如下： 1．密度继电器的卸装： ① 换密度继电器工作应在开关停电状态下操作； ② 先松开固定密度继电器的铜母，退至逆止阀的预插入位。 2．密度继电器的安装： ① 安装前应在更换上的新双 O 形密封圈上均匀涂抹由 ABB 提供的润滑油； ② 将密度继电器的铜母拧至预插入位，然后缓慢拧紧铜母，以防止压力的突然增加而损伤压力表的指示系统，拧紧密度继电器的铜母至 10N•m。 3．密度继电器的接线： ① 密度继电器的电缆线按线号与密度继电器的接线端子号对应接入； ② 拧紧密度表电缆锁母，装上接线盒盖	1. 密度继电器内封存的气体应缓慢放出，以防止压力的突然释放而损伤压力表的指示系统。 2. 接头、密封面应防止碰伤。 3. 密度继电器校验不推荐在现场进行		
	4	电气元件检查				
	4.1	分、合闸指示灯及灯座检查	灯罩应旋紧，灯座安装牢固，二次接线牢固、绑扎整齐；指示灯指示正确			
	4.2	远方/就地/隔离控制转换开关 S4 和就地合闸/分闸操作开关 S1 检查	S1，S4 开关安装牢固；二次接线牢固、绑扎整齐；S4 扳到隔离时就地和远方均不能操作断路器；S4 扳到远方时就地不能操作断路器，远方能正常操作断路器；S4 扳到就地时就地能正常操作断路器，远方不能操作断路器	工作过程中，转换开关 S4 应扳到隔离位置		
	4.3	中间继电器检查（K9,K10）	继电器底座无松动，继电器插接牢固；检查中间继电器（K9，K10）功能如下： K9 检查：短接 61～66 号接线端子，K9 继电器能可靠吸合； K10 检查：短接 71～76 号接线端子，K10 继电器能可靠吸合			
	4.4	时间继电器检查	时间继电器安装牢固；二次线连接正确，压接、绑扎牢固；断路器分闸位置，分别短接 A,B,C 三相的 222、223 号端子，时间继电器均能够延时吸合；延时时间应满足要求			

表（续）

√	序号	检修内容	工 艺 标 准	安全措施及注意事项	检修结果	责任人签名
	4.5	加热器检查（常投和温控）	加热器和温控器安装、二次线插头帮扎应牢固，功能应正常；加热器空气断路器应安装牢固；温控器调整在10℃			
	4.6	计数器检查	计数器应动作灵活			
	4.7	照明灯及灯座检查	关合机构箱门，照明灯功能应正常			
	4.8	储能电源开关和接触器检查	储能电源开关或接触器安装牢固；二次线连接正确，压接、绑扎牢固；机构储能元件应工作正常			
	4.9	电阻检查	电阻安装牢固；二次线连接正确,压接、绑扎牢固；操作断路器分、合闸动作，分、合闸指示灯工作正常。工作电压为DC 220V，电阻为1kΩ			
	4.10	手动/电动储能转换开关检查	手动/电动储能转换开关安装牢固，二次线连接正确，压接、绑扎牢固；转换开关放松时，合电动机开关，不能电动储能；手动按压转换开关时，合储能电源开关，能电动储能			
	4.11	操作机构门、门缓冲器及观察窗检查	机构箱门开—合顺畅；密封性良好；观察管应清晰、无破损			
	5	缓冲器检查	检查分闸缓冲器是否漏油；缓冲器内部油为无色透明液体；缓冲器的密封面表面应无油污、油渍。如发现缓冲器密封面漏油时，应更换整个缓冲器。缓冲器缓冲行程，应满足产品技术要求			
	6	掣子装置检查				
	6.1	检查掣子表面有无锈蚀和变形	掣子表面清洁、无锈蚀；掣子表面和掣子的轴应使用润滑脂“L”；金属部件无裂纹，缺损			
	6.2	检查掣子的固定螺栓是否松动	掣子的固定螺栓紧固力矩为40N•m			
	6.3	检查衔铁和辅助掣子之间的间隙	间隙应≥1mm，且符合产品规定值，否则应更换整个掣子			
	6.4	检查分、合闸线圈铁芯是否松动	铁芯紧固螺丝力矩：M5螺丝6N•m，M6螺丝10N•m			
	6.5	测量分、合闸线圈的动作电压	将远方/就地开关选在远方位置，试验电源应加在机构分、合闸回路的端子排上，不能直接加在线圈两端，并应使用点动法测量。85%～110% U_e电压下，合闸线圈应可靠动作；65%～120% U_e电压下，分闸线圈应可靠动作；≤30%U_e电压下，分闸线圈不应动作			
	6.6	分、合闸线圈电阻测量	分、合闸线圈的阻值210±5%Ω（20℃）			
	6.7	分、合闸线圈的绝缘电阻	用1000V绝缘电阻表测量，对地绝缘电阻应大于2MΩ			

表（续）

√	序号	检修内容	工艺标准	安全措施及注意事项	检修结果	责任人签名
	6.8	机械特性的测量	分闸时间：19～25ms，合闸时间：≤40ms； 相间同期性：合闸≤5ms，分闸≤3ms； 分闸速度：8.0～8.7m/s，合闸速度：7.4～8.0m/s；行程曲线应满足产品技术要求；速度测量时，传感器轴与输出轴之间的连接套应安装牢固；传感器输出轴与断路器轴应对中；各部导线连接应牢固			
	6.9	更换掣子（根据需要）	若需要更换掣子，更换步骤如下： 1．更换合闸掣子 ① 确保断路器处于分闸位置且机构能量已完全释放，并将储能电源开关置于 OFF 位置，远方/就地转换开关置于隔离位置。 ② 取下机构箱上端合闸掣子线圈导线的插接头。 ③ 用力矩扳手将固定掣子螺栓松开，取下螺栓。 ④ 更换上合闸掣子并固定，检查间隙满足要求。 ⑤ 按线圈标识，将线圈导线的插接件恢复原处。 ⑥ 合闸操作，检查合闸掣子是否能正常释放。 ⑦ 测量合闸掣子的动作电压应满足要求。 2．更换分闸掣子 更换方法同更换合闸掣子	掣子固定螺栓螺纹处应涂抹乐泰 243 胶，且力矩要求为 40N•m		
	7	机构箱螺丝、轴销、卡圈的检查	1．检查电气连接插头：各电气插头插接牢固、不松动。 2．检查机构箱内所有的紧固件应牢固、不松动。 3．检查机构箱内所有定位轴销、卡圈：轴销应完好，卡圈应完好，且在卡槽内。 4．检查机构箱内所有在出厂时做过标记的紧固件的紧固标记应无错位。 5．机构箱顶盖的固定螺栓：应牢固。 6．驱动单元的固定螺栓应使用 40N•m 力矩检查。 7．限位开关上的螺丝应用 12.5N•m 力矩检查，储能盘螺丝用 3.6N•m 力矩检查。 8．分、合闸掣子的固定螺栓应使用 40N•m 力矩检查。 9．检查分闸拐臂上的销子：销子应齐全，完好			
	8	机构清洁、防锈、润滑检查	1．检查机构箱内部是否清洁，密封性能好：机构箱清洁无杂物，机构箱内二次电缆封堵良好。 2．检查机构箱通风孔的呼吸器是否清洁：呼吸器清洁无秽物，如果脏污严重，应更换。 3．检查机构中机械元件是否有锈蚀，对存在锈蚀的机械传动元件除锈后涂抹润滑脂。 4．检查各运动部位：各动作部分清洁、润滑、动作无卡涩。 5．检查驱动装置的油位：应能看见油面，若不能看到油面应更换。			

表（续）

√	序号	检修内容	工 艺 标 准	安全措施及注意事项	检修结果	责任人签名
	8	机构清洁、防锈、润滑检查	6．检查操动机构中掣子装置的轴应清洁、润滑，对失去润滑的轴，应用润滑脂“L”润滑。 7．检查机构门及门缓冲器，门应无变形，缓冲器良好			
	9	驱动机构检查	1．检查储能声音，储能时间：储能过程中，电动机、弹簧应无异常响声，储能时间不得大于15s。储能时间允许变化范围不超过出厂试验值的30%。 2．检查电动机的碳刷，若小于 10mm，应更换。 3．检查电动机的工作电压：在整个储能过程中，储能电压不得低于其标称电压的85%			
	10	分闸弹簧检查	1．分闸弹簧筒应清洁无污秽，密封完好，密封件应无破损、老化。 2．检查分闸弹簧短拉杆锁紧背母是否有松动，须将M24的螺栓拧紧，力矩 190N•m。 3．分闸弹簧应无锈蚀、裂纹、疲劳现象			
	11	合闸弹簧检查	1．应清洁无污秽。 2．固定螺栓应紧固。 3．合闸弹簧应无锈蚀、裂纹、疲劳现象。 4．检查合闸弹簧限位正常			
	12	断路器 SF_6 气体微水测量	测量断路器在正常气体压力下的微水，即在断路器 SF_6 充气连接头接上微水测量设备，微水值应小于 300μL/L			
	13	主回路电阻检查	用直流压降法测量开关主断口的直流电阻，测试电流应≥100A，如阻值＞49μΩ，则需对灭弧室的上下电流通道进行检查处理			
	14	润滑	1．需要润滑的部位擦拭干净、无杂质，润滑均匀。 2．掣子的润滑应用润滑脂 L。 3．裸露轴承的润滑应用润滑脂 G			
	15	SF_6 气密性检查	1．利用检漏仪（如用 GasFindIR 红外成像检漏仪与手持检漏仪结合使用等）检查断路器各部位、SF_6 充气管路、充气阀块和密度继电器接口等部位是否有漏气。 2．用检漏仪时，每一个检查点要保持在 15s 以上。如有泄漏，根据漏点部位制定处理方案			
	16	自验收	自验收要全面、仔细、认真进行，做到无漏项，修必修好			

5 竣工

√	序号	内 容	责任人员签字
	1	清理工作现场，将工器具全部收拢并清点，废弃物按相关规定处理，材料及备品备件回收清点	
	2	按相关规定，关闭检修电源	
	3	做好检修记录，记录本次检修内容，有无遗留问题	

表（续）

√	序号	内　　容	责任人员签字
	4	会同验收人员验收对各项检修、试验项目进行验收	
	5	会同验收人员对现场安全措施及检修设备的状态进行检查，要求恢复至工作许可时状态	
	6	经全部验收合格，做好检修记录后，办理工作票结束手续	

6　验收记录

<table>
<tr><td rowspan="2">自验收记录</td><td>记录改进和更换的零部件</td><td></td></tr>
<tr><td>存在问题及处理意见</td><td></td></tr>
<tr><td rowspan="4">验收单位意见</td><td>检修班组自评价及签字</td><td></td></tr>
<tr><td>检修部门验收意见及签字</td><td></td></tr>
<tr><td>运行单位验收意见及签字</td><td></td></tr>
<tr><td>公司验收意见及签字</td><td></td></tr>
</table>

7　作业指导书执行情况评估

<table>
<tr><td rowspan="4">评估内容</td><td rowspan="2">符合性</td><td>优</td><td></td><td>可操作项</td><td></td></tr>
<tr><td>良</td><td></td><td>不可操作项</td><td></td></tr>
<tr><td rowspan="2">可操作性</td><td>优</td><td></td><td>建议修改项</td><td></td></tr>
<tr><td>良</td><td></td><td>遗漏项</td><td></td></tr>
<tr><td>存在问题</td><td colspan="5"></td></tr>
<tr><td>改进意见</td><td colspan="5"></td></tr>
</table>

2 安全质量控制卡

编号：

班组作业安全质量控制卡

作业名称：××局－变电开关类－××班××变电站 220kV ××开关（ABB LTB245E1）检修

工作负责人编写：________ 审核：________ 批准：________

作业性质：多专业 计划时间：××年×月×日×时×分至××年×月×日×时×分

1 作业前

1.1 作业前内业准备

序号	名称	规格	单位	数量	确认
1. 现场勘察 * 确认栏内需签字确认		勾选：☐已勘察 ☐无需勘察			
2. 工器具					
2.1	标准工具箱	详见标准工具箱配置表	套	1	
2.2	常规检修工器具	详见常规检修工器具表	套	1	
3. 仪器					
3.1	仪器	详见仪器表	套	1	
4. 材料					
4.1	材料	详见材料备品备件表	套	1	
5. 防护用品					
5.1	防护用品	详见安全防护用品表	套	1	
6. 车辆					
6.1	专用车辆	详见作业车辆表			
7. 绝缘梯					
7.1	绝缘梯	详见绝缘梯表			
8. 作业文件					
8.1	工作票编号				
8.2	作业文件（设备台账资料、设备说明书、接线图、报表）等				
9. 其他（录音笔、红马甲）					

1.2 出工准备

序号	名称	确认
1	班组班前会	
2	出工三检查	

2 作业中

2.1 作业组班前会

2.1.1 本作业危险点分析及安全措施交底

序号	危险点分析	安全控制措施	确认
1	高空作业时，人员或工器具发生高空坠落	应正确使用安全带；应使用合格的登高工具并专人扶持，绑扎牢固；工器具应系好保险绳或做好其他防坠落的可靠措施	
2	一次引线拆、接过程中，击伤人员或附件	使用传递绳传递引线，拆除后应及时绑扎牢固	
3	进行机构内二次回路工作时，误碰带电二次接线，造成短路或失地，人员触电	使用带有绝缘包扎的工器具。拆线前做好标记，随拆即采取绝缘包扎措施。接回时，应由第二人进行复查	
4	检修电源设备损坏或接线不规范，会引起低压触电	检修电源接线时，必须确认电源线的极性及所需使用的电压，使用的工具金属裸露部位应用绝缘材料包好，有人监护，同时必须使用带漏电保护的电源盘	

2.1.2 其他班组间配合或交叉作业危险点分析及安全措施交底

序号	相关班组	危险点名称	安全控制措施	确认
1	保护班	开关保护整组试验与检修工作交叉进行容易发生人身伤害事故	要求试验开始时先通知检修人员，检修人员应中止工作并撤离试验区域，确保人身安全	
2	高压班	开关高压试验与检修工作交叉进行容易发生人身伤害事故	试验前，确保检修人员已撤离试验区域。试验中大声唱和	

2.1.3 安全措施确认

我已知晓上述工作地点、工作内容、停电范围、作业分工、危险点及安全控制措施，精神状态良好，确认签字：

2.2 关键工序安全质量控制

序号	关键工序	质量安全控制	确认
1	本体及支架外观检查		
1.1	绝缘瓷套检查	1. 绝缘瓷套外表应无污垢沉积，无破损伤痕，法兰处无裂纹，与绝缘子胶合良好。 2. 如有污物需冲洗和擦拭以清洁瓷套表面。 3. 用超声波试验设备检查瓷套有无裂纹	
1.2	支架的检查	支架应无松动、锈蚀，如锈蚀则应刷漆处理	
1.3	断路器本体、支架螺栓检查	断路器本体及支架所有螺栓应无松动、锈蚀。如局部锈蚀应刷漆处理，如严重锈蚀则应更换处理。如有螺栓松动，应按如下力矩要求拧紧螺栓： 支架与撑铁连接：430 N•m； 支架与地基连接：330～350 N•m； 支架与操动机构箱连接：190 N•m；	

表（续）

序号	关键工序	质量安全控制	确认
1.3	断路器本体、支架螺栓检查	操动机构箱与本体连接：79 N•m； 断路器柱与支架连接：300 N•m； 机构拉杆与断路器连接：190 N•m； 灭弧室瓷套上下法兰：60 N•m； 开断装置上盖紧固：60 N•m； 支持瓷套与操作轴箱连接：79 N•m； 拉杆保护筒与本体连接：79 N•m； 分、合标志牌：22.5 N•m	
2	机构传动箱的检查		
2.1	检查分、合闸指示是否正确、到位	若需要更换分、合指示牌，则应先打开断路器下部气室的盖板，更换分、合指示牌（M8 螺钉力矩 22.5N•m），然后再回装盖板	
2.2	检查机构箱内所有轴孔、轴套、轴销、传动及螺栓接头部分	轴孔、轴套和轴销应无伤痕、裂纹；接头应无松动；传动灵活，无卡涩	
2.3	操作机构和断路器极柱间拉杆检查	1．断口在分闸位置，以直径 6mm 的杆检查拐臂的校正孔和机构箱的预留孔，两孔应对齐。 2．接拉杆应旋过耦合连接件和拉杆上的检查孔	
2.4	操作机构和断路器极柱间拉杆的调整	1．转动拉杆以使它的长度减小或增加，使操作杆移向合闸或分闸位置。 2．当操作杆在分闸位置，且校正孔正好与机构箱上的预留孔对齐时，拉杆达到合适的位置。用直径 6mm 的杆检查孔是否对齐。检查拉杆是否旋过检查孔	
3	密度继电器检查		
3.1	外观检查 SF_6 密度继电器	1．SF_6 密度继电器玻璃表面清洁，气压指示清晰可见，外表无污物、无损伤痕迹。 2．SF_6 气体压力应符合断路器铭牌要求，压力指示正常，断路器在运行时气压值必须在 SF_6 密度继电器的报警值以上。 3．SF_6 密度继电器与本体连接可靠，无松动，否则用 10N•m 的力矩进行复紧	
3.2	SF_6 密度继电器的检测	将密度继电器从充有充气压力的断路器上取下，然后用 N2 或干燥空气给密度继电器加压，慢慢降低压力并读取压力读数	
4	支架检查	支架及所有螺栓应无松动、锈蚀。如局部锈蚀应刷漆处理，如严重锈蚀则应更换处理。如有螺栓松动，应按如下边力矩要求拧紧螺栓： 支架与撑铁连接：430 N•m； 支架与地基连接：330～350N•m； 支架与操动机构箱连接：190 N•m； 断路器柱与支架连接：300 N•m	
5	电气元件检查		
5.1	分、合闸指示灯及灯座检查	灯罩旋紧不松动，灯座安装牢固，二次配线压接牢固、帮扎整齐。断路器作分、合闸操作，指示灯能够正确显示断路器状态	
5.2	远方/就地/隔离控制转换开关 S4 和就地合闸/分闸操作开关 S1 检查	S1，S4 开关安装牢固；二次配线压接牢固、绑扎整齐；S4 扳到隔离时 S1 和远方均不能操作断路器；S4 扳到远方时 S1 不能操作断路器，远方能正常操作断路器；S4 扳到就时地 S1 能正常操作断路器，远方不能操作断路器	

表（续）

序号	关键工序	质量安全控制	确认
5.3	中间继电器检查（K9,K10）	继电器插接牢固、固定卡牢固；检查中间继电器（K9,K10）功能如下： K9 检查：短接 61～66 号接线端子，K9 继电器能可靠吸合； K10 检查：短接 71～76 号接线端子，K10 继电器能可靠吸合	
5.4	时间继电器检查	时间继电器安装牢固；二次线连接正确,压接、绑扎牢固；断路器分闸位置，分别短接 U、V、W 三相的 222、223 号端子，时间继电器均能够延时吸合	
5.5	加热器检查	加热器安装、二次线插头及帮扎牢固；加热器功能应正常	
5.6	计数器检查	断路器每合闸一次，计数器应计数一次	
5.7	照明灯及灯座检查	开一合机构箱玻璃门，照明灯功能应正常	
5.8	储能电源开关和接触器检查	储能电源开关或接触器安装牢固；二次线连接正确,压接、绑扎牢固；机构储能元件应工作正常	
5.9	加热器空气断路器检查	加热器空气断路器安装牢固；二次线连接正确,压接、绑扎牢固；加热器功能正常；测量检修电源插座电压正确	
5.10	电阻检查	电阻安装牢固；二次线连接正确,压接、绑扎牢固；操作断路器分、合闸动作，分、合闸指示灯工作正常	
5.11	手动/电动储能转换开关检查	手动/电动储能转换开关安装牢固，二次线连接正确,压接、绑扎牢固；转换开关放松时，合电机开关，不能电动储能；手动按压转换开关时，合储能电源开关，能电动储能	
5.12	温控器检查	温控器安装牢固；二次线连接正确,压接、绑扎牢固；温控器工作正常；温控器调整在 10℃	
5.13	操作机构门及门缓冲器检查	机构箱门开一合顺畅；密封性良好	
6	缓冲器检查	检查分闸缓冲器是否漏油；缓冲器内部油为无色透明液体；缓冲器的密封面表面应无油污、油渍；如发现缓冲器密封面漏油时，应更换整个缓冲器；检查缓冲器行程应符合产品规定值	
7	掣子装置检查		
7.1	检查掣子表面有无锈蚀和变形	掣子表面清洁、无锈蚀；掣子表面和掣子的轴应使用润滑脂“L”；金属部件无裂纹，缺损	
7.2	检查掣子的固定螺栓是否松动	掣子的固定螺栓紧固力矩为 40N•m	
7.3	检查衔铁和辅助掣子之间的间隙	间隙应符合产品规定值，至少为 1mm，否则应更换整个掣子	
7.4	检查合/分闸线圈铁芯是否松动	铁芯紧固螺丝力矩：M5 螺丝 6N•m，M6 螺丝 10N•m	
7.5	测量合/分闸线圈的动作电压	将远方/就地开关选在远方位置，试验电源应加在机构分、合闸回路的端子排上，不能直接加在线圈两端，并应使用点动法测量。合闸线圈的可靠动作电压：85%～110% U_e；分闸线圈的可靠动作电压：65%～120% U_e；分闸线圈不动作电压：≤30% U_e	
7.6	测量合/分闸线圈的电阻	电阻的阻值见技术参数表	
7.7	测量分闸与合闸时间	分闸时间：19～25ms，合闸时间：≤40ms； 相间同期性：合闸≤5ms，分闸≤3ms； 同相断口间同期性：合闸≤3ms，分闸≤2ms	

表（续）

序号	关键工序	质量安全控制	确认
8	机构箱螺丝、轴销、卡圈的检查	1．检查电气连接插头：各电气插头插接牢固、不松动。 2．检查机构箱内所有的螺丝：各部分螺丝牢固、不松动。 3．检查机构箱内所有定位轴销、卡圈：轴销应完好，卡圈应完好，且在卡槽内。 4．检查机构箱内所有在出厂时做过标记的紧固螺丝：螺丝的紧固标记应无错位。 5．机构箱顶盖的固定螺丝：应牢固。 6．驱动单元的固定螺栓：应无松动，若松动，应使用 40N•m 力矩紧固。 7．限位开关上的固定螺丝，储能盘螺丝：螺拴应紧固，如有松动，限位开关螺丝应用 12.5N•m 紧固，储能盘螺丝用 3.6N•m 紧固。 8．分、合闸掣子的固定螺栓：应无松动，如松动，使用 40N•m 力矩紧固。 9．检查分闸拐臂上的销子：销子应齐全，完好	
9	机构清洁、防锈、润滑检查	1．检查机构箱内部是否清洁：机构箱清洁无杂物，机构箱内二次电缆封堵良好。 2．检查机构箱通风孔的呼吸器是否清洁：呼吸器清洁无秽物，如果脏污严重，应更换。 3．检查机构中机械元件是否有锈蚀，如有锈蚀，应除去锈蚀，再涂抹润滑脂。 4．检查各运动部位：各动作部分清洁、润滑、动作无卡涩。 5．检查驱动装置的油位：应能看见油面，若不能看到油面应联系厂家更换。 6．检查操动机构中掣子装置的轴应清洁、润滑，如干燥和锈蚀，则用润滑脂“L”润滑。 7．检查机构门及门缓冲器，如门缓冲器损坏，应更换	
10	驱动机构检查	1. 检查储能声音、储能时间：弹簧储能声音正常，储能时间不得大于 15s。储能时间允许变化范围不超过出厂试验值的 30%。 2．检查电动机的碳刷，如果小于 10mm，应更换。 检查电动机的工作电压：在整个储能过程中，储能电压不得低于其标称电压的 85%	
11	分闸弹簧检查	1．分闸簧筒应清洁无污秽，否则应清洗或擦拭干净。 2．检查分闸弹簧短拉杆锁紧背母是否有松动,如有则须将 M24 的螺栓拧紧	
12	合闸弹簧检查	1．应清洁无污秽，否则应清洗或擦拭干净。 2．检查固定螺栓是否有松动,如有则须拧紧	
13	断路器 SF_6 气体露点测量	测量断路器在正常气体压力下的露点，即在断路器 SF_6 充气连接头接上露点测量设备，微水值应小于 300μL/L	
14	主回路电阻检查	用直流压降法测量开关主断口的直流电阻，测试电流应≥100A，阻值不大于 49μΩ	
15	机械特性检查	传感器轴与输出轴之间的连接套应安装牢固；传感器输出轴与断路器轴应对中；各部导线连接应牢固；具体技术数据详见附件	
16	润滑	1．需要润滑的部位擦拭干净、无杂质，润滑均匀。 2．掣子的润滑应用润滑脂 L。 3．裸露轴承的润滑应用润滑脂 G	
17	SF_6 气密性检查	1．检漏仪检查断路器 SF_6 充气管路、充气阀块和密度继电器接口等部位是否有漏气。 2．用检漏仪时，每一个检查点要保持在 15s 以上。如有泄漏，根据漏点部位制定处理方案	

2.3 作业验收

2.3.1 检修人员验收

序号	验 收 内 容	确认
1	检查断路器螺栓无丢失均已上紧	
2	检查断路器储能空气断路器合上	
3	检查现场无遗留工器具、材料，所有工作人员已经撤离现场	
4	工作负责人验收签字：	

2.3.2 运维人员验收

运维人员验收： 检修记录已登记，现场已验收合格。　　　　　　运维人员确认签字：

2.4 作业组班后会

序号	项　　目	确认
1	作业组班后会	
2	存在问题及措施：	

3 作业后

3.1 作业后内业工作

序号	项　　目	内　　容	确认
1	GPMS 流程运转	缺陷流传运转、报表编写上传、完成时限填写、完成设备作业后评估	
2	录音上传	工作票录音	
3	作业文件归档	安全质量控制卡、工作票、报表	

3.2 作业评价

评价情况：经检查，本控制卡____________，存在____问题，已向____________提出。

检查人：____________

____年___月___日

3 现场勘察单

××电业局（供电公司）电力变电工作现场勘察单

编号：×××××

<table>
<tr><td>工作名称</td><td>220kV ××变电站 220kV 母联 24M 断路器检修</td><td>勘察单位</td><td>×××××</td></tr>
<tr><td>工作范围</td><td colspan="3">××变电站 220kV 母联 24M 断路器</td></tr>
<tr><td>工作主要内容</td><td colspan="3">××变电站 220kV 母联 24M 断路器检修</td></tr>
<tr><td>现场勘察情况图示（工作范围及保留带电部分图示等布置图）</td><td colspan="3">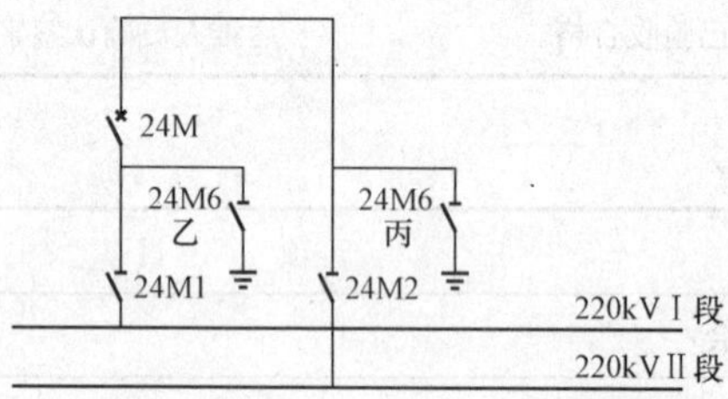
</td></tr>
<tr><td rowspan="8">现场勘察情况说明</td><td colspan="3">1. 邻近、交叉或跨越带电设备距离：</td></tr>
<tr><td colspan="3">作业时 220kV Ⅰ、Ⅱ段母线带电，即 24M1 隔离开关靠Ⅰ段母线侧带电，24M2 隔离开关靠Ⅱ段母线侧带电</td></tr>
<tr><td colspan="3">2. 工作地段周围环境：</td></tr>
<tr><td colspan="3">路边</td></tr>
<tr><td colspan="3">3. 地下管网布置情况：</td></tr>
<tr><td colspan="3">无</td></tr>
<tr><td colspan="3">4. 其他</td></tr>
<tr><td colspan="3">无</td></tr>
<tr><td>现场工作安全要求</td><td colspan="3">1. 220kV ××变电站 220kV 母联 24M 断路器转检修。
2. 需高处作业，应准备好登高安全工器具，如安全带、工具包等。
3. 需使用高空升降平台，作业时应有专人监护</td></tr>
<tr><td colspan="4">审核：××× 勘察人：×××、××× 勘察日期：××年×月×日</td></tr>
</table>

4 变电站电气第一种工作票

××电业局（供电公司）

××变电站电气第一种工作票

编号：××-BB-B1-××B-2012-××××

1．部门：变电检修部

工作班组：××××班

工作负责人：李××

2．工作人员：林××、王××、张××、欧××、陈××、张××、张××、吴××、徐×× 共 9 人

3．工作任务（工作地点和工作内容）：

工 作 地 点	工 作 内 容
220kV××变电站 220kV 母联 24M 断路器本体及机构箱处	220kV××变电站 220kV 母联 24M 断路器检修

4．计划工作时间：自××年×月×日×时×分至××年×月×日×时×分

5．安全措施：

电气接线图或必要时可附页绘图说明：

许可前由工作许可人会同工作负责人到现场逐项检查核对后打√。

序号	应断开的断路器、刀闸，应取下的熔丝，应解除的继电保护连接片等（包括填写前已断开、取下、解除的）注明编号	已执行
1	断开母联 24M 断路器	
2	断开母联 24M1、24M2 刀闸	
3	断开母联 24M 断路器Ⅰ、Ⅱ组直流操作电源空气断路器	
4	断开母联 24M1、24M2 刀闸操作电源空气断路器	
序号	应装接地线、应合接地刀闸（注明接地线具体位置，并留出空位由许可人注明接地线编号）	已执行
1	合上 24M6 乙接地刀闸	
2	合上 24M6 丙接地刀闸	
序号	应设遮栏、应挂标示牌、防止二次回路误碰的措施	已执行
1	应在母联 24M1、24M2 刀闸操作把手上挂“禁止合闸，有人工作”标示牌	
2	在母联 24M 断路器本体及机构箱处分别悬挂“在此工作”标示牌，在其四周装设安全围网，并向内挂“止步，高压危险！”标示牌，将安全围网延伸至巡视通道口处，在道口开放出入口并悬挂“从此进出”标示牌	

工作地点保留带电部分（或注意事项） 签发人或工作负责人填写	补充工作地点保留带电部分和 安全措施许可人填写
1．工作地点仅限于工作票上所列的工作地点	

表（续）

工作地点保留带电部分（或注意事项） 签发人或工作负责人填写	补充工作地点保留带电部分和 安全措施许可人填写
2. 工作前应核对设备名称、编号、工作地点，严禁误入带电间隔，严禁误登、误碰带电设备	
3. 高处作业应正确使用安全带，严禁低挂高用	
4. 220kVⅠ、Ⅱ段母线均在运行中，工作中应注意人、物应与220kV带电部位保持有3m及以上的安全距离	
5. 工作中应加强现场安全监护	

二次工作安全措施票（票号）：________________

工作票签发人签名：×××签发日期：××年×月×日×时×分

收到工作票时间：××年×月×日×时×分　　值班人员签名：×××

6. 确认本工作票1～5项

许可工作时间：____年___月___日___时___分

工作许可人签名：________　工作负责人签名：________

7. 工作人员变动：

增添人员姓名	日	时	分	工作负责人签名	离去人员姓名	日	时	分	工作负责人签名

8. 工作负责人变动：

原工作负责人__________离去，变更__________为工作负责人。

变动时间：____年__月__日__时__分　　工作票签发人签名：__________

9. 工作票延期：有效期延长到：____年__月__日__时__分

工作负责人签名：　　　　　　值长或值班长负责人签名：____

10. 每日开工和收工时间（使用一天的工作票不必填写）

收工时间				工作负责人	工作许可人	开工时间				工作负责人	工作许可人
月	日	时	分			月	日	时	分		

11. 工作结束：设备及安全措施已恢复至开工前状态，现场已清理完毕，工作班人员已全部撤离。全部工作于 ______年___月___日___时___分结束。

工作负责人签名：____________　　工作许可人签名：__________

12．工作票终结：临时遮栏、标示牌已拆除，常设遮栏已恢复。接地线编号________________等共___组、接地刀闸（小车）共__________副（台）未拆除或拉开，已汇报调度。

工作许可（当值）人签名：__________时间：____年__月__日__时__分

13．备注：

（1）检修工作中允许试分合的设备：

允许试分合的设备	解锁执行人	解锁时间	操作人	监护人	操作设备时间
		日　时　分			日　时　分
		日　时　分			日　时　分
		日　时　分			日　时　分
		日　时　分			日　时　分

（2）工作负责人指定专职监护人：

第一组________负责监护________________________________

第二组________负责监护________________________________

第三组________负责监护________________________________

（3）其他补充安全措施：________________________________

（4）其他事项：________________________________

14．交任务、交安全措施确认：我对工作负责人布置的工作任务及安全措施已明白无误，所有安全措施已能确保我的工作安全。

工作班人员签名：________________________________

15．评价情况：经检查本票为________票。存在________________________________问题，已向__________指出。

检查人：__________

____年____月____日

附　录　A

螺栓及螺母紧固力矩对照表

附表 A-1　螺栓及螺母紧固力矩对照表

紧固件规格	强度等级（N·m）			
	4.8	5.6	8.8	10.9
M3	0.6±0.1	0.7±0.1	1.4±0.1	—
M3.5	1±0.1	1±0.1	2±0.2	—
M4	1.4±0.1	1.5±0.1	3±0.3	—
M5	3±0.2	3±0.3	6±0.5	—
M6	5.1±0.4	6±0.5	8±1	12±2
M8	—	12±2	20±2	30±3
M10	—	25±3	40±4	60±6
M12	—	40±4	70±7	100±10
M16	—	100±10	170±20	250±25
M20	—	±	340±30	500±50
M24	—	±	600±60	800±80
>M24		根据图纸要求		

注　未提供力矩强度的规格不推荐使用。

附　录　B

机构箱内部分部件图示

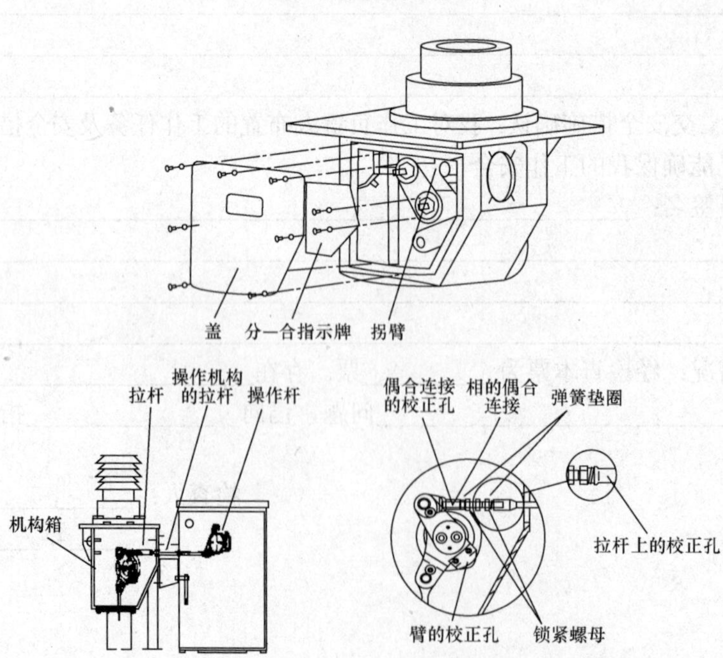

附图 B-1　机构传动箱图

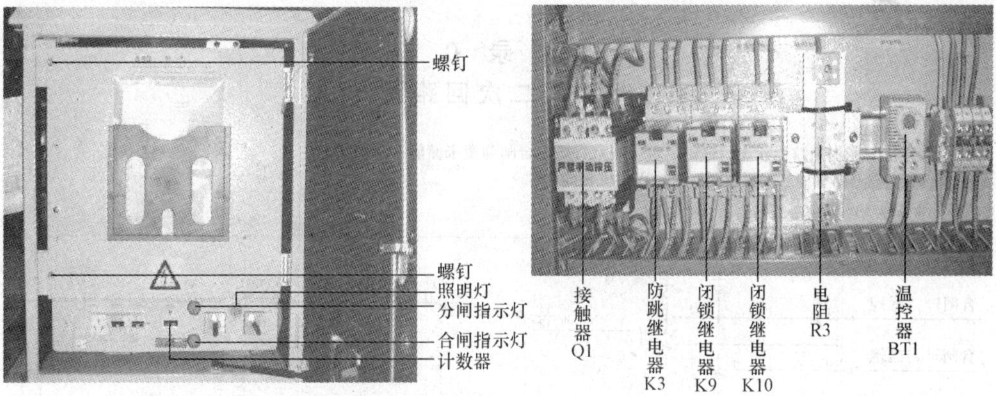

附图 B-2　机构箱面板及内部元件图

附图 B-3　缓冲器和分合闸掣子图

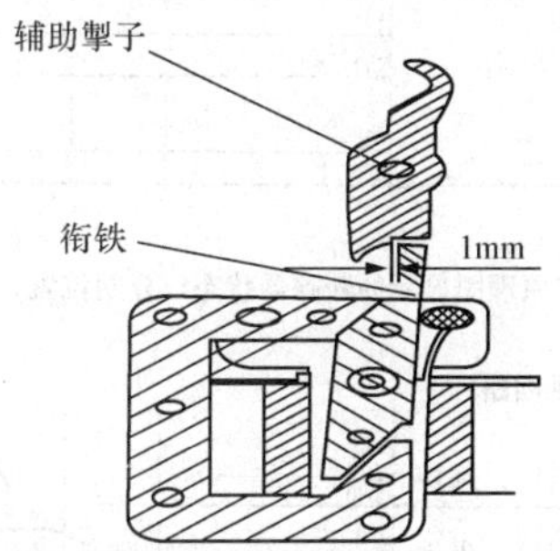

附图 B-4　衔铁和辅助掣子之间的间隙图

附图 B-5　驱动单元图

附图 B-6　驱动装置的油位图

附图 B-7　合闸弹簧图示

附　录　C
断路器二次回路图

电气原理图显示的断路器状态：分闸位置、额定气压、合闸弹簧未储能、手动状态。
此图为断路器U相机构二次原理图，V、W相机构同U相。

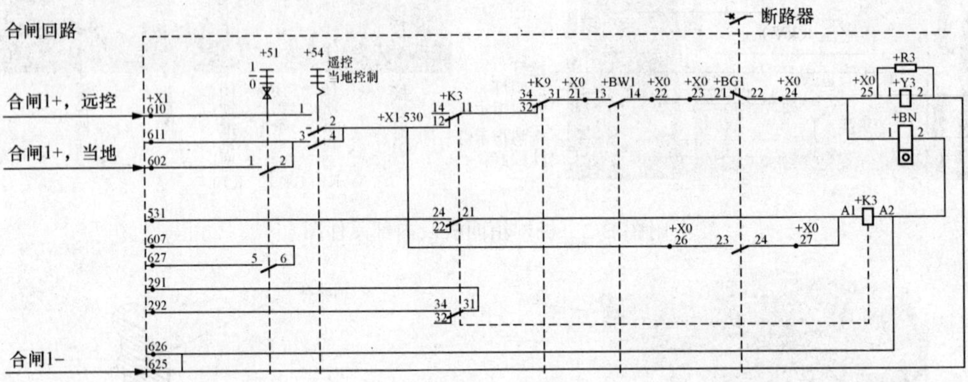

电气原理图显示的断路器状态：分闸位置、额定气压、合闸弹簧未储能、手动状态。

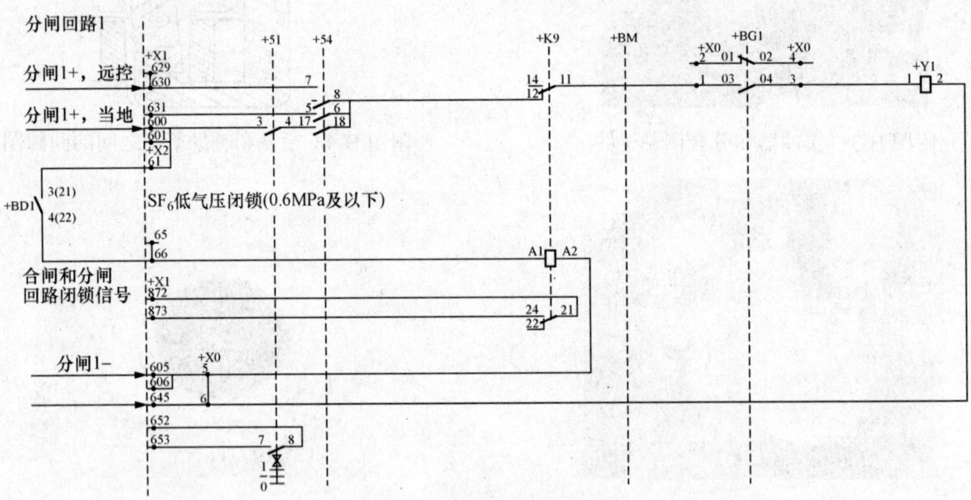

附图 C-1　断路器二次回路图

附　录　D
LTB245E1-BLK222 技术数据

附表 D-1　LTB245E1-BLK222 技术数据

序号	技术参数名称	出厂标准参数	备注
1	一般参数		
1.1	断路器型号	LTB245E1	
1.2	极柱的数量	3 极，单断口	
1.3	操作方式	分相操作	
1.4	工作环境温度（℃）	−30～+40	

附表 D-1（续）

序号	技术参数名称	出厂标准参数	备注
1.5	抗地震能力（g）	0.3	
1.6	海拔高度（m）	≤1000	
2	额定和保证的性能参数		
2.1	额定电压（kV）	245	
	最高运行电压（kV）	252	
2.2	额定绝缘水平		
2.2.1	雷电冲击耐受电压（峰值）		
	对地（kV）	1050	
	断口间（kV）1050+200	1050+200	
2.2.2	1min 工频耐压		
	对地（干，湿）（kV）	460	
	断口间（干，湿）（kV）	460+145	
2.3	额定频率（Hz）	50	
2.4	额定电流（A）	4000	
2.5	额定短路开断电流（kA）	50	
	直流分量（%）	57	
	交流分量有效值（kA）	50	
2.6	端口故障的额定瞬态恢复电压（kV）	420	
	电压上升率（kV/μs）	2	
2.7	首相开断系数	1.5	
2.8	额定短路关合电流（峰值）（kA）	125	
2.9	额定峰值耐受电流（kA）	125	
	额定短时耐受电流（kA）	50	
	额定短时耐受电流持续时间（s）	3	
2.10	近区故障的额定参数（75%，90%）		
2.10.1	线路侧额定峰值系数	1.6	
2.10.2	线路波阻抗（Ω）	450	
2.10.3	线路侧 RRRV 系数（kV/μs/kA）	0.2	
2.11	额定失步开断容量		
2.11.1	开断电流（kA）	12.5	
2.11.2	恢复电压（kV）	209	
2.12	额定开断线路充电电流（A）	125	
	额定开断电缆充电电流（A）	250	
2.13	固有分闸时间（ms）	17±2	
2.14	对称电流全开断时间（ms）	≤40	
2.15	额定合闸时间（ms）	≤28	
2.16	合分时间（ms）	26±3	

附表 **D-1**（续）

序号	技术参数名称	出厂标准参数	备注
2.17	相间三相不同期		
2.17.1	合闸（ms）	≤5	
2.17.2	分闸（ms）	≤3	
2.18	额定操作循环	O-0.3S-CO - 3min-CO	
2.19	主回路电阻（至少用 100A 电流测量）（μΩ）	≤50	
2.20	1.1 倍相电压下无线电干扰电压（μV）	≤100	
3	结构参数		
3.1	每相断口数	1	
3.2	相间距离（中对中）（mm）	用户自定	
3.2.1	相间（mm）	3100	
3.2.2	对地（mm）	1955	
3.3	瓷套外绝缘爬电距离		
3.3.1	对地（mm）	6523	
3.3.2	断口间（mm）	7800	
3.4	灭弧室内的 SF_6 气体压力		（20℃绝对值）
3.4.1	最大气压（MPa）	0.8	
3.4.2	工作气压（MPa）	0.7	
3.4.3	告警气压（MPa）	0.62	
3.4.4	闭锁气压（MPa）	0.6	
3.5	三相断路器中的气体量（kg）	21	
3.6	SF_6 气体年漏气率（%）	≤1	
3.7	SF_6 气体含水量（μL/L）	≤150	
3.8	端子最大承载（N）	3000	
4	操作机构		
4.1	弹簧操作机构型号	BLK 222	1 个/相
4.2	空载断路器机械操作次数	5000	
4.3	合闸弹簧储能电动机		
4.3.1	工作电压（V）稳态工作电流（A）相	220/7.5	DC
		220/9	AC
		110/15	DC
4.3.2	功率（W）相	900	
4.3.3	储能时间（s）	<15	
4.4	合闸线圈		
4.4.1	线圈数量	1	
4.4.2	工作电压（V）/电流（A）/相	220/1	DC
		110/2	DC
		220/2	DC

附表 D-1（续）

序号	技术参数名称	出厂标准参数	备注
4.4.3	功率（W）/相	200	
4.4.4	可靠动作电压范围	80%～110%U_n	
4.5	分闸线圈		
4.5.1	线圈数量	2	
4.5.2	工作电压（V）电流（A）相	220/1	DC
		110/2b	
		220/2	
4.5.3	功率（W）相	200	
4.5.4	可靠动作电压范围	65%～120%U_n	
4.5.5	最低动作电压	30%及以下不动作	
4.6	加热元件		
4.6.1	工作电压（V）	220	
4.6.2	持续投入的功率（W/相）	70	
4.6.3	带温控开关的功率（W/相）	140	
4.7	防跳要求	机构防跳	根据客户要求选用
		使用保护防跳，机构防跳备用	
		远方保护防跳，就地机构防跳	
4.7.1	机构箱防护等级	IP55	
5	重量和尺寸		
5.1	不含操作机构时的断路器重量（kg）	3×700	
5.2	操作机构（kg）	3×210	
5.3	外形尺寸（mm）	640×770×880	
5.4	最重件运输质量（kg）	3500	

附　录　E
断路器修后试验项目及标准

附表 E-1　断路器修后试验项目及标准

√	序号	试验项目	试验方法	安全措施及注意事项	试验标准
	1	回路电阻测量	1．采用直流压降法，测试电流≥100A。 2．使用回路电阻测试仪测试，测量时，电流线夹在断口一侧的外端，电压线夹在内端	1．接线时应做好防止高空坠落措施。 2．高压试验前，应与其他班负责人互相协调，试验时应有专人监护，在进行高压试验后应对试品充分放电。 3．断路器整组试验前应征得试验工作负责人许可，试验前可将开关切换到就地状态并和相关负责人做好沟通。 4．试验过程应有专人监护并呼唱，当出现异常情况时，应立即断开电源，查明原因后，方可继续试验。 5．测试过程中，严禁测试回路开路	主回路电阻：≤49μΩ

附表 E-1（续）

√	序号	试验项目	试验方法	安全措施及注意事项	试验标准
	2	分、合闸线圈电阻测试	使用万用表进行测量	试验前应确认断路器控制电源是否已断掉，机构能量已完全释放	分、合闸线圈：210±5%Ω
	3	主回路绝缘电阻测试	1．应进行相间/相对地及断口的绝缘电阻测量，使用电压不小于 2500V 绝缘电阻表进行测试。 2．将断路器处于合闸位置进行相间/相对地的测量，在进行相间测量时，应将非被试项接地。进行断口绝缘电阻测试时，将断路器处于分闸状态，断口的一端短路接地，另一端进行绝缘电阻测试	1．接线时应做好防止高空坠落措施。 2．试验过程应有专人监护并呼唱，防止其他人员误入试验区域。 3．测试完需充分放电。 4．转速不小于 120r/min	主回路合闸对地≥2000MΩ
	4	辅助回路绝缘电阻测试	使用 1000MΩ 绝缘电阻表进行测试，测试时一端夹被试品，另一端接地。测试完需充分放电	1．试验前应确认断路器控制电源已断掉。 2．试验过程应有专人监护并呼唱，防止其他人员误入试验区域。 3．转速不小于 120r/min	辅助回路对地、电动机线圈对地≥2 MΩ
	5	合、分闸电磁铁的动作电压	采用可调式直流操作电源，将电压加至规定值，启动仪器，操作断路器	1．测试时，应防止串入站内运行直流系统。 2．测试过程应防止机械伤人。 3．试验过程应有专人监护并呼唱，当出现异常情况时，应立即停止试验，将电压归零，断开电源，查明原因后，方可继续试验	1．合闸电磁铁在电源等于或小于 66V 时不应动作，在额定电源电压为 176～242V 范围内应可靠动作。 2．分闸电磁铁在电源等于或小于 66V 时不应动作，在额定电源电压为 143～242V 范围内应可靠动作
	6	机械特性试验	断路器一侧断口及测试仪 N 端应良好接地。 将三相断口的信号接入到仪器的时间通道，用仪器上的直流电源串联在断路器的分、合闸控制回路，操作仪器测量三相的分、合闸时间、同期和合—分时间。 在断路器的传动杆上安装位移传感器用导线将信号接入仪器的速度测量通道，用仪器上的直流电源串联在断路器的分、合闸控制回路，操作仪器测量速度及行程曲线	1．测试过程应防止机械伤人。 2．测试时，应防止串入站内运行直流系统。 3．应检查控制回路的接线。 4．试验过程应有专人监护并呼唱，当出现异常情况时，应立即停止试验	分闸时间：19～25ms； 合闸时间：≤40ms。 相间同期性： 合闸≤5ms； 分闸≤3ms。 分闸速度：8.0～8.7m/s。 合闸速度：7.4～8.0m/s。 行程曲线应符合产品的技术要求

附表 E-1（续）

√	序号	试验项目	试验方法	安全措施及注意事项	试验标准
	7	SF_6气体微水、纯度检测	利用微水测量设备进行测量		SF_6气体含水量≤300μL/L； SF_6气体纯度≥95%
	8	1min 工频耐压测量（kV）	1．应进行相间/相对地及断口的工频耐压试验。 2．将断路器处于合闸位置进行相间/相对地的工频耐压试验，在进行相间工频耐压试验时，应将非被试项接地。进行断口工频耐压试验时，将断路器处于分闸状态，断口的一端短路接地，另一端加工频耐压值	1．接线时应做好防止高空坠落措施和注意保持与带电设备距离。 2．检查试验接线正确无误。 3．试验过程应有专人监护并呼唱，防止其他人员误入试验区域。 4．试验过程如出现异常情况时，应立即停止试验，查明原因后，方可继续试验。 5．试验完毕应充分放电	主回路合闸对地：395×80%； 主回路分闸断口间：395×80%； 控制回路对地：2kV； 辅助回路对地：2kV

思考与练习答案

1．答：因为配置弹簧机构的 SF_6 断路器，其合闸是靠储能后的合闸弹簧作为动力源；分闸是靠储能后的分闸弹簧作为动力源。断路器的动作特性只取决于脱扣器和弹簧的性能，故不会发生慢分、慢合。

2．答：合闸只允许在下列情况下进行：

（1）断路器处于分闸位置。

（2）合闸弹簧已完全储能。

禁止下列操作：

（1）断路器已处于合闸位置，再次进行合闸操作。

（2）断路器已处于合闸位置，同时进行分、合操作。

（3）合闸弹簧未完全储能进行合闸操作。

（4）严禁操作人员直接用螺丝刀等物体挑动分、合闸掣子,让开关进行分、合操作。

3．答：合闸掣子更换步骤如下：

（1）确保开关在合闸弹簧未储能、断路器在分闸位置，并将储能电源开关 F1 置于 OFF 位置，远方/就地转换开关 S4 置于隔离位置。

（2）取下机构箱上端合闸掣子线圈导线的插接头。

（3）用力矩扳手将固定掣子螺栓松开，取下螺栓。

（4）将合闸掣子取下。

（5）将需安装的合闸掣子安装在原合闸掣子位置。

（6）用力矩扳手固定螺栓，螺栓螺纹处涂抹乐泰 243 胶，力矩要求为 40N·m。

（7）按线圈标识，将线圈导线的插接件恢复原处。

（8）合闸操作，检查合闸掣子是否能正常释放。

（9）测量合闸掣子的动作电压应满足要求。

（10）分闸掣子更换方法同更换合闸掣子。